수필가가 좋아하는 시

수필가가 좋아하는 시인

사단법인 한국수필가협회

초판 발행 2023년 12월 1일
엮음 최원현
펴낸이 한국수필가협회출판부
편집위원 최원현 김선화 서금복 박원명화
펴낸곳 코드미디어 **북 디자인** Micky Ahn **교정 교열** 민혜정
이미지 Getty Images Bank

등록 2005년 3월 22일
등록번호 제 2011-000098호
주소 서울시 마포구 양화로 156 엘지팰리스 1906호
전화 02-532-8702~3 **팩스** 02-532-8705
전자우편 hksupil1971@hanmail.net
공급처 코드미디어 T 02-6326-1402

ISBN 979-11-87221-45-6 03810

정가 13,000원

이 책의 판권은 지은이와 한국수필가협회출판부에 있습니다.
잘못 만들어진 책은 교환해드립니다.

수필가들이 좋아하는 시인을
초대하여 묶은 권두시

" 강우식 권용태 김규화 김남조 김민정 김소엽 김시철 김여정
김용재 김　종 김후란 나태주 나호열 노창수 문덕수 문정희
문효치 박제천 박진환 박찬선 백우선 성기조 성춘복 손해일
신달자 안혜초 양왕용 엄기원 오세영 오탁번 유안진 유자효
윤강로 윤　효 이근배 이상범 이생진 이수영 이해인 이향아
이혜선 임　보 정성수 지연희 채수영 천양희 최금녀 최동호
최서림 최승범 하청호 함동선 허영자 허형만 허홍구 홍문표 "

발행인 인사말

수필가가 좋아하는 시
수필가가 좋아하는 시인

최원현
사단법인 한국수필가협회 이사장 · 월간 한국수필 발행인

문학 장르의 경계가 깨어지고 있다고 한다. 수필보다도 짧은 스마트 소설이 나오고, 수필 같은 산문시가 나오고, 산문시보다도 짧은 수필도 나온다. 단순히 길이만일까. 시에서도 산문적 서사가 느껴지고 수필에서도 시적 서정이 느껴진다.

수필가들은 시를 많이 읽는 편이다. 해서 좋아하는 시, 좋아하는 시인이 많다. 『한국수필』은 2019년 4월호(통권 290호)부터 수필가들이 좋아하는 시, 수필가들이 좋아하는 시인을 초대하여 5년여 동안 「이달의 시」 권두시로 실어왔다. 한국 시단의 원로 시인들이시며 널리 회자되는 시들이다. 『한국수필』은 창간 50주년을 기하여 이번에 이를 한 권의 시집으로 묶어 더 많은 분에게 시를 나누고 시의 맛을 전하고자 한다.

시인들에게는 수필가들이 어떤 시인의 무슨 시를 좋아하는지, 수필가들에게는 좋아하는 시인의 시를 한데 모아 보는 즐거움이 될 것이다. 어쩌면 시와 수필의 아름다운 교류일 수도 있겠다. 문학으로 하나된 시와 수필의 향기롭고 아름다운 동행이다.
　월간 『한국수필』에 좋은 시를 선물해 주신 시인님들께 감사드리면서 이 시집이 수필가들뿐 아니라 문학을 사랑하는 많은 분에게도 널리 읽히길 바라는 바이다. 한국 시단 및 한국 문단을 빛내주신 시들이요 시인들이신데 책이 나온 것도 못 보시고 가신 분들이 여러분이시다. 송구하고 안타깝다. 삼가 그분들께도 이 시집을 바치는 바이다.

차례

4 발행인 인사말

10 한국수필 290호 　행간 | 김시철
12 한국수필 291호 　기쁨과 사랑 | 김후란
14 한국수필 292호 　저 돌을 좀 보아라 | 성춘복
16 한국수필 293호 　기적 | 유안진
18 한국수필 294호 　너의 연인이 되기 위해 | 신달자
20 한국수필 295호 　어머니의 달 | 함동선
22 한국수필 297호 　꽃과 언어 | 문덕수
24 한국수필 298호 　행복 | 허영자
26 한국수필 299호 　생명 | 김남조
28 한국수필 300호 　삼백 번 삼천 번을 위하여 | 문효치
30 한국수필 301호 　비운 항아리처럼 | 이향아
32 한국수필 302호 　흰 구름의 마음 | 이생진
34 한국수필 303호 　단추를 채우면서 | 천양희
36 한국수필 304호 　나무 | 임보
38 한국수필 305호 　푸른 산아 | 김여정
40 한국수필 306호 　살다가 보면 | 이근배
42 한국수필 307호 　사랑하는 것은 | 문정희
44 한국수필 308호 　가을 입문 | 권용태
46 한국수필 309호 　신목 | 이상범
48 한국수필 310호 　우듬지의 춤 | 김종

50	한국수필 311호	새해 아침에 | 이해인
52	한국수필 312호	이른 봄의 서정 | 김소엽
54	한국수필 313호	그냥 좋아 | 나태주
56	한국수필 314호	말을 헹구다 | 하청호
58	한국수필 315호	좋은 이름 | 엄기원
60	한국수필 316호	낙화 | 박진환
62	한국수필 317호	바람칼 | 김규화
64	한국수필 318호	책 냄새 | 채수영
66	한국수필 319호	해피 버스데이 | 오탁번
68	한국수필 320호	가벼운 빗방을 | 허형만
70	한국수필 321호	우리 사랑 지금은 | 안혜초
72	한국수필 322호	자화상 | 최금녀
74	한국수필 323호	사랑하는 사람아 | 강우식
76	한국수필 324호	근황 | 박제천
78	한국수필 325호	어깨 | 유자효
80	한국수필 326호	다시 4월에 | 양왕용
82	한국수필 327호	종지리 | 최승범
84	한국수필 328호	바람의 유혹 | 홍문표
86	한국수필 329호	투명 유리컵 | 윤강로
88	한국수필 330호	시와 사람 사이는 멀다 | 노창수

90	한국수필 331호	나무처럼	오세영
92	한국수필 332호	가는 것은 반드시	박찬선
94	한국수필 333호	어머니 범종 소리	최동호
96	한국수필 334호	하늘	성기조
98	한국수필 335호	산길에서	김용재
100	한국수필 336호	2월의 시	정성수
102	한국수필 337호	당신에게 말걸기	나호열
104	한국수필 338호	울림	지연희
106	한국수필 339호	날마다가 봄날	이혜선
108	한국수필 340호	꽃봉오리랑 두 손 모으고	백우선
110	한국수필 341호	상선약수	윤효
112	한국수필 342호	채송화	허홍구
114	한국수필 343호	물확	최서림
116	한국수필 344호	단풍단풍	김민정
118	한국수필 345호	다물 · 1	손해일
120	한국수필 346호	꽃눈 자리 그대	이수영

수필가가 좋아하는
시_____

수필가가 좋아하는
시인_____

행간行間

요만큼이라도
좀 쉬었다가 갔으면 해서
행간을 두어 놓았습니다.

쉬엄쉬엄 가야만
후회할 일도 덜 생길 거고
생각도 더
영글 게 아니겠습니까.

노상 빨리 빨리
서둘러 살아온 삶이라서
많이도 후회되고
낭패도 많았답니다.

좀 늦기는 해도 앞으로는
숨 고르는 일만 남았답니다.

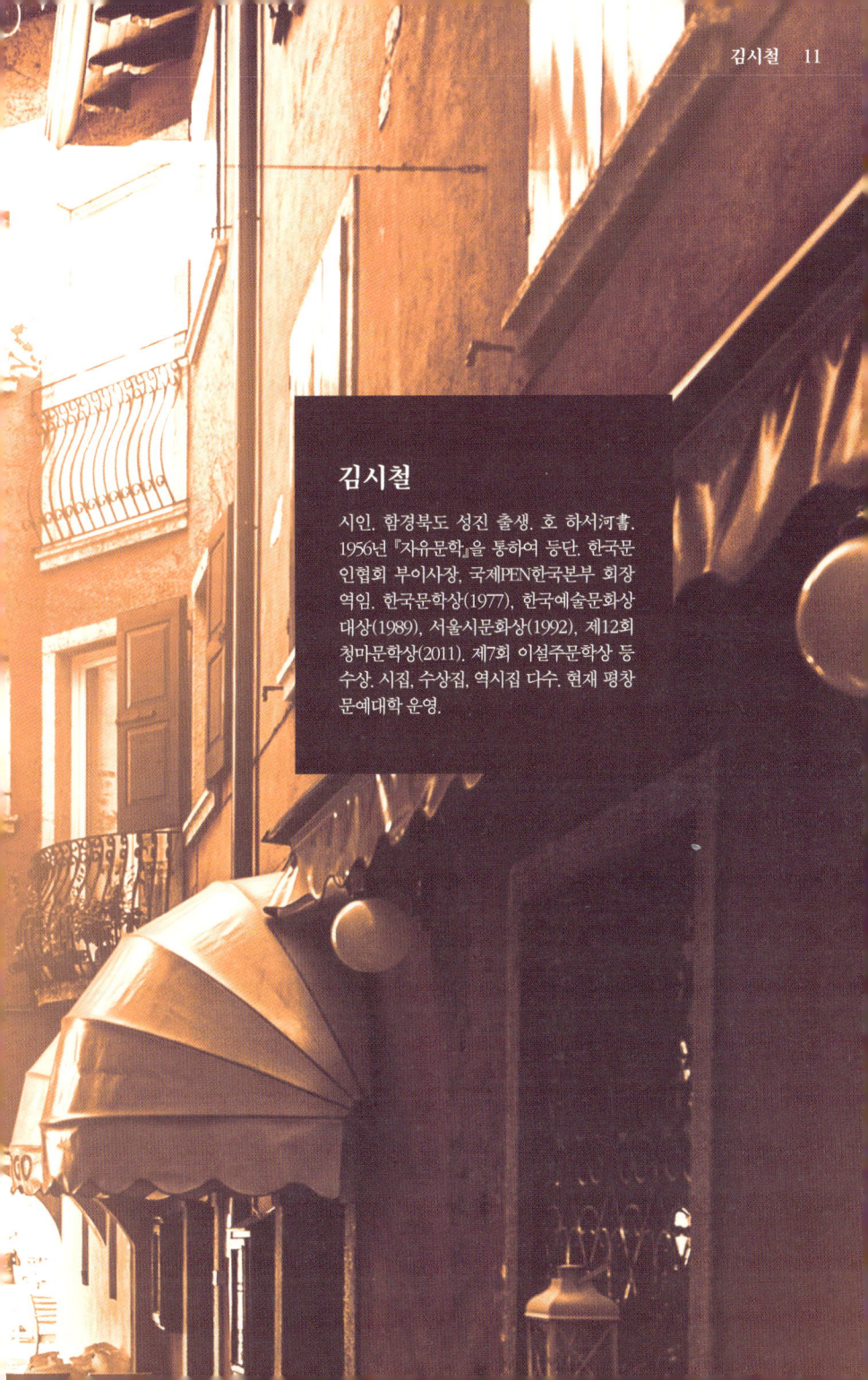

김시철

시인. 함경북도 성진 출생. 호 하서河書.
1956년 『자유문학』을 통하여 등단. 한국문인협회 부이사장, 국제PEN한국본부 회장 역임. 한국문학상(1977), 한국예술문화상 대상(1989), 서울시문화상(1992), 제12회 청마문학상(2011), 제7회 이설주문학상 등 수상. 시집, 수상집, 역시집 다수. 현재 평창 문예대학 운영.

기쁨과 사랑

우리의 아침은 바람이
먼저 노크를 한다
그 이름 기쁨

정다운 햇살이 고개를 들이민다
그 이름 사랑

안녕하셔요
반갑습니다

기쁨과 사랑이 찾아준
우리들의 아침은 언제나 즐겁다

나는 오늘
남에게 무에 될까

나도 남에게 기쁨이 되고 싶다
사랑이 되고 싶다
우리 모두 한마음 가족이 되게

김후란

서울 출생. 서울대학교 졸업, 한국일보 기자 및 부산일보 논설위원과 한국여성개발원장 역임. 문학의 집·서울 이사장, 생명의 숲 국민운동 이사장, 대한민국예술원 회원. 1959년 『현대문학』 신석초 추천을 통해 「오늘을 위한 노래」 「문」 「달팽이」 등으로 등단. 시집 『장도와 장미』 『음계』 『눈의 나라 시민이 되어』 『사람 사는 세상에』 등. 현대문학상. 월탄문학상. 공초문학상. 녹색문학상 등 수상.

저 돌을 좀 보아라

하루 이틀도 아니고
긴 세월 눌러 앉힌
저 돌을 좀 보아라

꿈쩍 않고 그냥인
부처의 무릎뼈를
그 딱딱함까지 살피고

서양 버터 잘 굳힌
어기참이야 고맙기는 하지만
이 놀라움을 어이할꼬

부드러움은 결코 아닌
너슨한 마음의 뜨거움으로
저 돌을 좀 찬찬히 보아라.

성춘복

경북 상주 출생, 부산에서 성장. 성균관대 졸업.『현대문학』(1959)으로 등단. 한국문인협회 이사장 역임. 문학의 집·서울 이사,『문학시대』편집인. 시집『오지행』『마음의 불』『그림자 놀이』등. 월탄문학상, 한국시인협회상, 서울시문화상 등 수상.

기적

진실은 없었다.
모든 게 진실이었으니까
좋음만도 아니었다,
아름다움만도 아니었다.
깨끗함만은 더욱 아니었다.
아닌 것이 더 많아 알맞게 섞어지고 잘도 발효되어
향기는 높고 감칠맛도 제대로인 피와 살도 되었더라
친구여 연인이여
달고 쓰고 맵고 짜고 시고도 떫고 아린
우정도 사랑도 인생이라는 불모의 땅에 태어나준
꽃이여
서로의 축복이여
기적은 없었다. 살아온 모두가 기적이었으니까.

유안진

1941년 경북 안동 출생. 서울대학교 교육대학원 교육심리학과 졸업. 미국 플로리다주립대학교 박사. 1965년 『현대문학』 「달, 위로, 별」로 등단. 대한민국예술원 회원. 정지용문학상(1998), 월탄문학상(2000), 유심작품상(2009), 이형기문학상(2009), 김달진문학상(2016) 수상 외.

너의 연인이 되기 위해

네가 누군지 잘 모르지만
너의 연인이 되기 위해
오늘 나는 꽃 이름을 하나 더 왼다
달빛 잠기는 강을 바라보며
아름다운 시구를 욀 때
내 눈은 더 깊어지고 그만큼 세상을
더 안아들이면
너는 성큼 내 앞에 다가서게 될까

네가 누군지 잘 모르지만
너의 연인이 되기 위해
오늘 나는 별 이름 하나를 더 왼다
바람 부는 숲에서 새소리를 들으며
내가 마음으로 노래 부르면
내 발 앞에 꿈꾸던 낙원이 열리고
그만큼 평화로운 세상 안아 들이면
너는 성큼 내 앞에 다가서게 될까

신달자

경남 거창 출생, 숙명여대와 동대학원 졸업. 평택대학교, 명지전문대, 숙명여대 교수 역임. 한국시인협회 회장. 한국문학번역원 이사. 1964년 『여상』 여류신인문학상. 1972년 박목월 시인 추천 『현대문학』에 시를 게재로 창작활동 시작. 시집 『봉헌문자』 『아버지의 빛』 『어머니 그 삐뚤삐뚤한 글씨』 『오래 말하는 사이』, 수필집 『백치애인』 『고백』 등과 소설집 등 다수. 대한민국문학상. 한국시인협회상. 영랑시문학상. 대산문학상 등 수상. dalja7@hanmail.net

어머니의 달

보름마다
어머니의 가벼운 몸무게로
강물에 떠오른 달을 두 손으로 든다
흰 머리카락 사이로
고향 떠날 때 어머니 나이가 된
내 새치를 확인한다
오늘은 어머니보다 먼저
달맞이꽃이 핀 간선 둑이
어릴 적 그대로 걸어온다
다 바랜 부적 주머니를 사타구니에서 꺼내자
너 그걸 아직 가졌구나
하시는 말씀에 눈물을 닦으려 하자
달은 동구 밖 질경이꽃으로 조르르 흘러가
이슬이 된다

함동선

1930년 황해도 연백 출생. 중앙대학교 문리대, 경희대학교 국문학과 문학박사. 『현대문학』(서정주 추천) 문단에 데뷔. 사)한국문인협회 부이사장, 사)한국현대시인협회 회장, 한국시문학회 회장 역임. 중앙대학교 문예창작학과 명예교수. 시집 『우후개화』 『꽃이 있던 자리』 『안행』 『눈감으면 보이는 어머니』 『함동선 시선』 『식민지』 『마지막 본 얼굴』 『산에 홀로 오르는 것은』 외 다수. 현대시인상, 중앙문학상 특별상, 펜문학상, 예술문화상(한국예술단체총연합회), 대한민국문화예술상(문학분야), 서울시 문화상, 청마문학상 등 수상.
sanmock30@hanmail.net

꽃과 언어

언어는
꽃잎에 닿자 한 마리 나비가
된다.

언어는
소리와 뜻이 찢긴 깃발처럼
펄럭이다가
쓰러진다.

꽃의 둘레에서
밀물처럼 밀려오는 언어가
불꽃처럼 타다간
꺼져도,

어떤 언어는
꽃잎을 스치자 한 마리 꿀벌이
된다.

문덕수

경남 함안(咸安) 출생, 호 심산(心山). 청태(靑苔). 홍익대학교 국어국문과와 고려대학교 대학원 졸업. 홍익대 교수 및 한국PEN 회장을 역임. 1947년 『문예신문』에 시 「성묘」 발표, 1955년 『현대문학』에 시 「침묵」 「화석」 「바람 속에서」 등이 추천되어 등단. 시집 『황홀』 『선·공간』 『새벽바다』 『다리 놓기』 『조금씩 줄이면서』 외 평론집. 현대문학상, 현대시인상, 펜문학상, 대한민국예술원상 수상.

행복幸福

눈이랑 손이랑
깨끗이 씻고
자알 찾아보면 있을 거야.

깜짝 놀랄 만큼
신바람 나는 일이
어딘가 어딘가에 꼭 있을 거야.

아이들이
보물찾기 놀일 할 때
보물을 감춰두는

바위 틈새 같은 데에
나무 구멍 같은 데에

幸福은 아기자기
숨겨져 있을 거야.

허영자

시인. 1938년 경남 함양 출생. 경기여고, 숙명여대와 동대학원 졸업. 62년 박목월 추천 『현대문학』 등단. 잡지 『신사조』 기자. 계성여중고 교사. 2003년까지 성신여대 교수로 30여 년 재직. 한국시인협회장. 한국여성문학인회장. 66년 첫 시집 『가슴엔 듯 눈엔 듯』 상재 이후 『빈 들판을 걸어가면』 『목마른 꿈으로써』 『은의 무게만큼』 등과 『그 어둠과 빛의 사랑』 『얼음과 불꽃』 등 시선집, 동시집 『어머니의 기도』, 시조집 『소멸의 기쁨』 『한 송이 꽃도 당신 뜻으로』 등 20여 권의 산문집. 한국시인협회상, 월탄문학상, 편운문학상, 제1회 목월문학상 수상.

생명

생명은
추운 몸으로 온다
벌거벗고 언 땅에 꽂혀 자라는
초록의 겨울보리
생명의 어머니도 먼 곳
추운 몸으로 왔다

진실도
부서지고
불에 타면서 온다
버려지고 피 흘리면서 온다

겨울나무들을 보라
추위의 면도날로 제 몸을 다듬는다
잎은 떨어져 먼 날의 섭리에 불려가고
줄기는 이렇듯이
충전充電 부싯돌임을 보라

금가고 일그러진 걸 사랑할 줄 모르는 이는
친구가 아니다
상한 살을 헤집고 입 맞출 줄 모르는 이는
친구가 아니다

생명은
추운 몸으로 온다
열두 대문 다 지나온 추위로
하얗게 드러눕는
함박눈 눈송이로 온다

김남조

시인·수필가. 1927년 경북 대구 출생. 일본 규슈(九州)에서 여학교, 1951년 서울대학교 사범대학 국어교육과 졸업. 마산고·이화여고 교사, 1954년부터 숙명여자대학교 교수로 재직. 1950년 『연합신문』에 「성숙」 「잔상(殘像)」 발표로 문단 데뷔. 시집 『목숨』 『나아드의 향유』 『나무와 바람』 『정념의 기(旗)』 『영혼과 빵』 『김남조시전집』 『너를 위하여』 『깨어나 주소서 주여』 『끝나는 고통 끝이 없는 사랑』, 수필집 『다함없는 빛과 노래』 『기억하라 아침의 약속을』 『그대 사랑 앞에』 『그가 네 영혼을 부르거든』 외. 자유문협문학상, 오월문예상, 한국시인협회상, 만해대상, 김달진문학상, 정지용문학상, 김삿갓문학상 수상. 대한민국예술원 회원.

삼백 번 삼천 번을 위하여
- 한국수필 지령 300호를 축하하며

태양은 그냥 떠오르지 않는다
세상을 밝힐 사명을 갖고 온다

글은 그냥 쓰지 않는다
사람의 마음을 씻어줄 책무를 갖고 쓴다

책은 왜 300번이나 왔을까
책은 어찌 그 많은 말들을 실어 나를까

책도 그냥 만들지 않는다
생각의 빛깔
꿈의 열매
영혼의 날개를 위해 만든다

『한국수필』, 300번 오면서
메마른 땅에 비를 뿌렸고
불모의 터에 숲을 키웠다

그 숲에서
들짐승 날짐승이 낳고 자랐다
그 숲 아래
사람의 마을이 세워졌다

앞으로도
300번 3000번 오면서
사람의 도시를 세워줄 책이여

문효치

1966년 서울신문 및 한국일보 신춘문예 당선 등단. 시집 『무령왕의 나무새』 『왕인의 수염』 『별박이자나방』 등. 김삿갓문학상, 정지용문학상, 한국시협상 등 수상. 한국문인협회 이사장 및 국제PEN한국본부 이사장 역임, 현재 계간 『미네르바』 대표.

비운 항아리처럼

기적은 바라지 않겠습니다
퍼낸 물만큼 물은 다시 고이고
달려온 그만큼 앞길이 트여
멀고 먼 지축의 끝간 데에서
깨어나듯 천천히 동이 튼다면

날마다 다시 사는 연습입니다
연습하여도 연습하여도
새로 밀리는 어둠이 있어
나는 여전히 낯선 가두에
길을 묻는 미아처럼 서 있곤 했습니다

눈을 감고 살기를 복습하여서
꿈을 위해 비워둔 항아리처럼
꿈도 비워 깊어진 항아리처럼
기적보다 눈부시게 돌아오기를
옷깃 여미여며 기다리겠습니다

이향아

시인. 1963~1966년 『현대문학』 추천으로 문단에 오름. 시집 『별들은 강으로 갔다』 『안개 속에서』 『물푸레나무 혹은 너도밤나무』 등 23권, 수필집 16권, 문학이론서 및 평론집 8권. 시문학상, 윤동주문학상, 한국문학상, 창조문예상, 아시아 기독교 문학상, 신석정 문학상 등을 수상. 현재 호남대학교 명예교수.

흰 구름의 마음

사람은
아무리 높은 사람이라도
땅에서 살다
땅에서 가고

구름은
아무리 낮은 구름이라도
하늘에서 살다
하늘에서 간다

그래서 내가
구름을 좋아하는 것은 아니다
구름은 작은 몸으로
나뭇가지 사이를 지나갈 때에도
큰 몸이 되어
산을 덮었을 때에도
산을 해치지 않고
그대로 간다

이생진

1929년 10월 1일 충남 서산 출생. 1965~1969년 김현승 시인의 추천으로 『현대문학』으로 등단. 시집 『산토끼』 『바다에 오는 이유』 『그리운 바다 성산포』 『섬에 오는 이유』 『외로운 사람이 등대를 찾는다』 『혼자 사는 어머니』 『서귀포 70리길』 등, 수필집 『아무도 섬에 오라고 하지 않았다』 『걸어 다니는 물고기』 등. 윤동주문학상, 상화시인상 등 수상. 제주도 명예 도민증 받음(2001년).

단추를 채우면서

단추를 채워보니 알겠다
세상이 잘 채워지지 않는다는 걸
단추를 채우는 일이
단추만의 일이 아니라는 걸
단추를 채워 보니 알겠다
잘못 채운 첫 단추, 첫 연애 첫 결혼
첫 실패
누구에겐가 잘못하고
절하는 밤
잘못 채운 단추가
잘못을 깨운다
그래, 그래 산다는 건
옷에 매달린 단추의 구멍찾기 같은 것이야
단추를 채워보니 알겠다
단추도 잘못 채워지기 쉽다는 걸
옷 한 벌 입기도 힘들다는 걸

천양희

1942년 부산 출생. 1965년 『현대문학』(박두진 추천) 시 「정원(庭園) 한때」로 등단. 1966년 이화여대 국문과 졸업. 시집 『신이 우리에게 묻는다면』 『사람 그리운 도시』 『하루치의 희망』 『마음의 수수밭』 『오래된 골목』 『너무 많은 입』 『나는 가끔 우두커니가 된다』 『새벽에 생각하다』. 산문집 『나는 울지 않는 바람이다』 『작가수업』 『직소포에 들다』 등. 소월시문학상(1996), 현대문학상(1998), 공초문학상(2005) 수상.

나무

나무는
한 자리에 서 있어도
잎으로 끝없는 바람의 노를 저어
푸른 입김을 대기에 가득 심는다.

나무는
기교의 손이 없어도
긴 여름 먼 일광日光의 끈들을 뽑아
생명의 주머니를 곱게 짠다.
그대 보고 듣고 움직이는

교만한 자여,
나무는
발도
눈도
귀도 없이
그대가 서 있는 바로 여기까지
이렇게 이미 와 있다.

본명 강홍기. 1940년 전남 순천 출생. 1962년 서울대학교 국문과 졸업. 성균관대 문학박사. 충북대학교 인문대학 국문과 교수 역임. 1962년 『現代文學』 등단. 시집 『林步의 詩들 59-74』 『山房動動』 『木馬日記』 『은수달 사냥』 『황소의 뿔』 『날아가는 은빛 연못』 『겨울, 하늘소의 춤』 『구름 위의 다락마을』 『운주천불』 『자연학교』 『사슴의 머리에 뿔은 왜 달았는가』 『장닭 설법』 『가시연꽃』 『눈부신 귀향』 『아내의 전성시대』 『자운영꽃밭』 『광화문 비각 앞에서 사랑 기다리기』 『山上問答』. 논저 『현대시운율구조론』 『엄살의 시학』 『좋은 시 깊이 읽기』 『시와 시인을 위하여』. 필명 임보(林步)는 프랑스 상징주의 시인 랭보에서 따온 것.

푸른 산아

구비구비 푸른 산아,
지난밤 별빛에
눈썹 말갛게 씻고
가슴에
일만 마리 새를 품고
깊숙이 앉은 산아.

폭포 같은 시원한
말 한마디 듣고파
구비구비 네 가슴속 찾아들어도
눈빛만 푸르게 빛낼 뿐
꽉 다문 입술 한번 열지 않는
천근 만근 나의 남자
크낙한 푸른 산아.

때로는 바람소리
때로는 새소리
또 때로는 물소리로
답답해 달려간
내 가슴 쓸어 달래며

할 말은 모조리
푸른 잎으로 피워내어
햇살에 반짝반짝 닦아
내 머리칼에 달아주는
듬직한 나의 남자
푸른 산아.

짙은 네 그늘에
방황하는 혼을 쉬다가
어느 날 같이 떨어져 죽는
물 같은
폭포수이고 싶어
네 가슴팍을 헤집고 뛰어내리는
폭포수이고 싶어.

가도 가도 속 모를
구비구비 푸른 산아.

김여정

1933년 경남 진주 출생. 성균관대 국문과·경희대 대학원 졸업. 1968년 『현대문학』에 「남해도(南海島)」, 「편지」, 「화음(和音)」 등으로 추천 등단. 〈청미(靑眉)〉 동인. 한국일보 기자, 진주여고 교사, 세륜중학교 교장 등 역임. 한국시인협회상, 월탄문학상, 대한민국문학상, 남명문학상, 공초문학상, 정문문학상 등 수상. 시집 『화음(和音)』, 『바다에 내린 햇살』, 『레몬의 바다』, 『어린 신에게』, 『그대 꿈꾸는 동안』, 『김여정시전집』, 『미랭이로 가는 길』, 시선집 『흐르는 섬』 외, 수필집 『고독이 불탈 때』, 『너와 나와의 약속을 위하여』, 『오늘은 언제나 미완성』, 『사랑은 고통받는 기쁨이더라』 외 다수. kimjs4939@hanmail.net

살다가 보면

살다가 보면
넘어지지 않을 곳에서
넘어질 때가 있다

사랑을 말하지 않을 곳에서
사랑을 말할 때가 있다

눈물을 보이지 않을 곳에서
눈물을 보일 때가 있다

살다가 보면
사랑하는 사람을
사랑하지 않기 위해서
떠나보낼 때가 있다

떠나보내지 않을 것을
떠나보내고
어둠 속에 갇혀
짐승스런 시간을
살 때가 있다

살다가 보면

이근배

1940년 충남 당진 출생. 호는 사천(沙泉). 1961~1962년 경향신문·서울신문·조선일보·동아일보 신춘문예 시조, 동시 등 당선. 1963년 문공부 신인예술상 시 수석, 시조 수석. 1964년 한국일보 신춘문예 시 「북위선」 당선. 세계한글작가대회 조직위원장. 대한민국예술원 회장. 시집 『노래여 노래여』 『사람들이 새가 되고 싶은 까닭을 안다』 외, 장편서사시 『한강』, 시조집 『동해 바닷속의 돌거북이 하는 말』 외, 시선집 『사랑 앞에서는 돌도 운다』 외.

사랑하는 것은

사랑하는 것은
창을 여는 것입니다.
그리고 그 안에 들어가
오래오래 홀로 우는 것입니다.

사랑하는 것은
세상에서 가장 부드럽고
슬픈 것입니다.
그러나
"사랑합니다"

풀꽃처럼 작은 이 한 마디에
녹슬고 사나운 철문도 삐걱 열리고
길고 긴 장벽도 눈 녹듯 스러지고
온 대지에 따스한 봄이 옵니다.

사랑하는 것은
세상에서 가장 아름답고
강한 것입니다.

문정희

1947년 전남 보성 출생. 동국대학교 국어국문학과와 대학원 졸업. 문학박사. 현대문학상, 목월문학상, 대한민국문화예술상, 육사시문학상, 시카다상, 나지나만문학상, 정지용문학상 외 수상. 현대시인협회장 역임. 시집 『문정희 시집』 『새떼』 『찔레』 『하늘보다 먼 곳에 매인 그네』 『응』 『작가의 사랑』 외, 수필집 『지상에 머무는 동안』 『시의 나라에는 매혹의 불꽃들이 산다』 외. 동국대학교 석좌교수.

가을 입문

가을엔
모든 잃어버린 기억들도
떠나간 사람들의 얼굴도
사랑의 엽서처럼 찾아내
수채화로 스케치해야 한다.

가을엔
낙엽에 불이 타오르던
회상의 숲길에서
연정을 낡은 포켓 속에
구겨 넣은 채
저 숲속의 새들을 울게 한
회한의 언덕에도
올라가 보아야 한다.

가을엔
상흔의 가슴을 앓았던
산장 길을,
가슴을 설레게 했던
빛나던 오솔길도
회색 노을 속에
산책해 보아야 한다.

권용태

1937년 경남 김해 출생. 중앙대학교 및 동 대학원 수료. 1958년『자유문학』추천 등단(「바람에게」「기(旗)」「산」). KBS해설위원, 국회 수석 전문위원. 서라벌예대·중앙대·서울여대·한국예술종합학교 강사 및 교수 역임. 저작권심의위원, 한국간행물윤리위원, 강남문화원장, 한국문화원연합회장. 시집『아침의 반가(反歌)』『남풍에게』『북풍에게』, 시선집『바람에게』. 중앙문학상, 노산문학상, 시와시론문 본상, 대한민국보관문화훈장, 서울특별시문화상, 녹조근정훈장, 홍조근정훈장, 자랑스런 중앙인상 등 수상. kccf37@naver.com

신목 神木
-용문산 은행나무

나무 나이 천년이면 귀신과도 말하는 사이
어느 땐 끙끙 앓아 신음소리 높다가도
휘파람 소리도 길게 평정심을 되찾는다.
국운이 기울 때면 잉잉잉 속울음 울고
액운이 불어 닥치면 한여름에 잎 지워도
길조 든 어느 해 봄 죽은 용이 새순 돋고.
백년이 열 번이면 모진 수난 오죽 했겠나
노환도 이겨내고 환란도 거두어 내며
중재자 이름 하나로 속 비우고 거기 섰다.

이상범

1935년 진천 출생. 『시조문학』 3회 추천(63년). 신인예술상 수석상(64년). 조선일보 신춘문예 당선(65년). 시집 『별』 『신전의 가을』 『한국대표명시선100화엄벌판 이상범』 『녹차를 들며』 등 26권. 한국문학상, 중앙일보시조대상, 이호우시조문학상, 가람시조문학상, 고산문학상, 유신작품상 특별상, 이설주문학상 등 수상. 한국시조시인협회장 역임.
poetlee1004@naver.com

우듬지의 춤
-어머님께 올리는 시

몸이라도 안아드리고파
뒤에서 깍지 끼고 어머니! 부르면
돌아보며 웃음 짓던 그윽한 눈매

문풍지 울리는 차운 밤에도
눕지 않고 꾸벅거리던 그림자
한평생 비좁은 당신의 바늘귀가
어린 것들 웃음소리로 길을 열었고
디딜방아 울력하는 신새벽이면
칠색 무지개 걸어놓고
꽃잎처럼 살랑살랑 앞장섰지요

너른 바다 거친 풍랑
이 굽이 저 굽이를
손 모아 기도하고 노 저으시더니

김 종

1976년 중앙일보 신춘문예 시 당선. 경희대학교대학원 국어국문학박사. 조선대학교 국어국문학과 교수. 일본 동지사대학 교수. 시집 『장미원』 『밑불』 『배중손 생각』 『그대에게 가는 연습』 『간절한 대륙』 등, 저서 『전환기의 한국현대문학사』, 역서 『한밤의 소년』, 편저 『안성현 백서』 등. 국제PEN한국본부 간행위원장, 『펜문학』 편집주간 및 편집인. 민족시가대상, 광주

세상에서 가장 편한 아들 등허리에
꽃에 나비 앉듯 사뿐 업히려고
늘그막의 이날까지
몸피 덜고 또 덜어내신 어머니

아리랑 아리랑 아라리요
구성지게 뽑아낸 노랫가락에
두 팔을 훨훨 날개 만들어
너울너울 춤을 추시니
어머니가 우듬지 되셨다
천지지간에 우뚝한 산봉우리 되셨다

둘러서서 구경하던 산천초목도
우듬지의 키를 따라 춤을 추네요.

시민대상, 한국펜문학상, 제1회 한국가사문학대상, 신동아미술제 대상 수상. 대한민국 동양서예대전·한국추사서예대전 초청작가. 광주문인협회장. 1966년 '문학의 해' 광주광역시조직위원장. KBC광주방송 이사. 광주문화재단 초대이사. 언론중재위원. kj4848@hanmail.net

새해 아침에

창문을 열고
밤새 내린 흰 눈을 바라볼 때의
그 순결한 설레임으로
사랑아
새해 아침에도
나는 제일 먼저
네가 보고 싶다
늘 함께 있으면서도
새로이 샘솟는 그리움으로
네가 보고 싶다
새해에도 너와 함께
긴 여행을 떠나고
가장 정직한 시를 쓰고
가장 뜨거운 기도를 바치겠다

내가 어둠이어도
빛으로 오는 사랑아
말은 필요 없어
내 손목을 잡고 가는 눈부신 사랑아
겨울에도 돋아나는

내 가슴 속 푸른 잔디 위에
노란 민들레 한 송이로
네가 앉아 웃고 있다

날마다 나의 깊은 잠을
꿈으로 깨우는 아름다운 사랑아
세상에 너 없이는
희망도 없다
새해도 없다

내 영혼 나비처럼
네 안에서 접힐 때
나의 새해는 비로소
색동의 설빔을 차려 입는다
내 묵은 날들의 슬픔도
새 연두 저고리에
자줏빛 끝동을 단다
아름다운 사랑아

이해인

1945년 강원도 양구 출생. 1964년 부산 성베네딕도수녀원 입회. 『소년』에 동시 「하늘」, 「아침」으로 추천 완료(1970). 필리핀 성 루이스대학 영문학과(1975). 서강대학교대학원 종교학과(1985) 졸업. 첫 시집 『민들레의 영토(1976년)』, 첫 산문집 『두레박(1986년)』 이후 시집과 산문집 다수 출간. 제9회 새싹문학상, 천상병시문학상, 등 수상. 현재 성베네딕도수녀원에서 문서선교 중.
nunbird88@hanmail.net

이른 봄의 서정

눈 속에서도
봄의 씨앗은 움트고
얼음장 속에서도
맑은 물은 흐르나니

마른 나무껍질 속에서도
수액은 흐르고
하느님의 역사는
죽음 속에서도
생명을 건져 올리느니

시린 겨울밤에도
사랑의 운동은 계속되거늘
인생은
겨울을 참아내어
봄 강물에 배를 다시 띄우는 일

갈 길은 멀고
해는 서산마루에 걸렸어도
겨울이 지나면

봄은 오게 되어 있나니

서러워 마라
봄은
겨울을 인내한 자의 것이거늘.

김소엽

1965년 이화여자대학교 영어영문학과 졸업. 1981년 연세대학교 연합신학대학원 졸업. 1983년 엔 프린스턴대학교 연수. 1966년부터 1973년까지 보성여자중학교와 보성여자고등학교 교사. 호서대학교 교수. 1978년『한국문학』등단. 기독교방송 〈하나 되게 하소서〉, 기독교 TV 〈나의 사랑하는 책〉 진행. 시집『그대는 별로 뜨고』『지금 우리는 사랑에 서툴지만』『마음속에 뜬 별』 등, 수필집『사랑 하나 별이 되어』 등. 제7회 기독교문화대상, 제1회 윤동주문학상 본상 등 수상.

그냥 좋아

나는 네가 더 예뻐지는 게 좋아
나는 네가 더 행복해지는 게 기뻐

나는 네가 더 예뻐지는 걸 보면서
행복해하는 사람

나는 네가 더 행복해지는 걸 보면서
따라서 기뻐하는 사람

이대로가 좋아
그냥 좋아

나태주

1945년 충남 서천 출생. 공주사범학교 및 충남대 교육대학원 졸업. 1971년 서울신문 신춘문예 등단(시「대숲 아래서」). 평생 교사를 지냈으며, 2009년 7월 1일부터 2017년 6월 30일까지 공주문화원 원장 역임, 현재 공주풀꽃문학관 관장. 제43대 한국시인협회 회장. 시집 『너도 그렇다』 『꽃을 보듯 너를 본다』 『죽기 전에 시 한 편 쓰고 싶다』 『내 인생에 힘이 되어준 시』 『틀렸다』 『기죽지 말고 살아 봐』 『이제 너 없이도 너를 좋아할 수 있다』 『그 길에 네가 먼저 있었다』 등. 흙의문학상, 충청남도문화상, 박용래문학상, 황조근정훈장, 한국시인협회상 등 수상.

말을 헹구다

환한 봄날에
더러운 말을
꽃향기에 헹구면
깨끗해질까
말에 향기가 묻어날까

초록에 헹구면
맑아질까

싱그러운
풀냄새가 날까

오늘은
봄들에 나가
찌든 말을 헹굴까!

하청호

아동문학가. 시인. 사)한국문인협회 부이사장. 매일신문(72), 동아일보(73) 신춘문예 동시 당선. 현대시학(76) 시 추천. 동시집 『빛과 잠』 『별과 풀』 『잡초 뽑기』 『어머니의 등』 『말을 헹구다』 『나에게 우체국 하나 있네』 외, 시집 『새소리 그림자는 연잎으로 뜨고』 『다비(茶毘)노을』 『나는 아직도 그리움을 떠나보내지 못했다』 외, 어린이 수필집 『큰 나무가 작은 나무에게』 외. 세종아동문학상, 대한민국문학상 우수상, 방정환문학상, 윤석중문학상, 박홍근아동문학상, 대구광역시문화상(문학) 수상.

좋은 이름

'아버지'
그 이름만으로도
우리 가족에겐
하늘이다.

우리는 날개를 펴고
마음대로 날 수 있는 새들이다.

'어머니'
그 이름만으로도
우리 가족에겐
보금자리다.

우리는 날개를 접고
포근히 잠들 수 있는 새들이다.

엄기원

강원도 강릉 출생. 호는 남천(南川). 동국대학교 교육대학원에서 국어교육 전공. 1963년 한국일보 신춘문예 동시 당선. 한국문인협회 이사·아동문학분과회장·부이사장 역임. 국제PEN한국본부 심의위원장. 1982년 한국아동문학연구소 개설 아동문학 연구 및 보급. 동시집『아기와 염소』『배꼽 밑에 점 하나』, 동화집『이상한 청진기』『숙제 없는 학교』등 40권. 한국문학상, 방정환문학상, 펜문학상 수상. 한국아동청소년문학협회 이사장.

낙화

어느 맑은 혼이
쉬었다 떠난
발자국일까.

미처
신발도 못 신고 서둘러 떠난
천사들의 꽃신만
여기저기 흩어져 있다

육신의 허망을 벗어 버리고
얼마쯤 맑은 혼을 벗하면
저리 고운 발자국으로
돌아갈 수 있을까
때 묻은 영육을

잠시 꽃그늘에 헹구어 본다

박진환

1936년 전남 해남 출신. 중앙대 대학원 문학박사. 1960년 동아일보 신춘문예 시, 1963년『자유문학』문학평론으로 등단. 한서대학교 교수 및 예술대학원장 역임. 국제PEN 한국본부 사무국장 및 이사 역임. 현재『조선문학』발행인 겸 주간. 시문학상, 비평문학상, 펜문학상 등 수상. 시집『귀로』『사랑법』『박진환시전집』, 평론집『한국현대시인론』『현대시론』『한국시의 공간구조연구』『21세기시학과 시법』『21세기 시학』『시창작론』외 역저 다수.

바람칼

새는 바람을 두 날개로 자른다
새의 날개가 클수록
새가 빨리 날을수록
바람이 잘 잘린다, 하나도 남지 않을 때까지

새는 바람칼을 두 날개에 달고
어른을 자르고 아이들을 무등 태운다

밤하늘에는 바람칼에 잘린 별들이
수두룩하게 박혀서
수인囚人의 눈빛으로 반짝이고 있지만

누가 수인의 뒤통수를 볼 수 있을까
얼음처럼 차가운 별의 뒤통수를

폭풍우 몰아치는 언덕에는
언제나 초가집 한 채
밤새도록 어린 나를 잠재우고 있는데

김규화

1941년 전남 승주 출생. 동국대학교 국문학과 및 교육대학원 졸업. 『현대문학』 등단(1966). 한국문인협회·한국현대시인협회·한국여성문학인회 자문위원. 국제PEN한국본부 이사. 대전대학교, 동덕여자대학교에 출강. 1978년부터 현재까지 월간 『시문학』 발행인. 시집 『이상한 기도』 『관념여행』 『평균 서정』 외, 시선집 『초록 징검다리』 『서정시편』 외, 영시집 『Our Encounter』(Homa & Sekey Books), 불어시집 『Notre Recontre』(Sombres Rets) 외 다수의 수필집. 동국문학상, 한국현대시인상, 한국문학상, 펜문학상 등 수상.

책 냄새

젊은 날
헌책 장사로 살았다
누런 종이에 희미한 활자
침 묻혀 넘기던 쪽마다
바스락거리는 사람 냄새가 있었다
죽죽 빨간 연필로
잊지 않으려
밑줄 그은 헌책이 외려
새 책의 윤나는 밋밋함보다
오래고 오랜 정신의 불빛을
등대로 비추고 있었으니
헌책의 냄새는
지혜의 다정한 손짓이다

채수영

시인, 문학비평가. 1942년 인천 출생. 동국대 국문과 졸업(1965). 경기대학교대학원 문학박사. 1978년 『월간문학』 신인상(시 「오르페우스의 거울」), 1983년 『예술계』 신인상(평론 「시(詩)의 거리론(距離論)」) 당선. 『문학세계』 『시세계』 주간. 신흥대학 문예창작과 교수. 시집 『물고기가 두드리는 종소리』 『담담록』 등 45권, 평론집 『시적 인식과 언어탄력』 『한국문학의 주류변화』 등 26권, 수필집 『라면사회학과 3분 사상』 등 8권, 『채수영 전집』 38권 등. 시와의식문학상(평론부문), 조국문학상, 비평문학상, 예술문화상 수상. poetchae@daum.net

해피 버스데이

시골 버스 정류장에서
할머니와 서양 아저씨가
읍내로 가는 버스를 기다리고 있다
시간이 제멋대로인 버스가
한참 후에 왔다
-왔데이!
할머니가 말했다
할머니 말을 영어인 줄 알고
눈이 파란 아저씨가
오늘은 월요일이라고 대꾸했다
-먼데이!
버스를 보고 뭐냐고 묻는 줄 알고
할머니가 친절하게 말했다
- 버스데이!
오늘이 할머니 생일이라고 생각한
서양 아저씨가
갑자기 노래를 부르기 시작했다
- 해피 버스데이 투 유!
할머니와 아저씨를 태운
행복한 버스가 힘차게 떠났다

오탁번

시인, 고려대학교 명예교수. 대한민국예술원 회원. 충북 제천 출생(1943). 고려대 영어영문학과, 동대학원 국어국문학 박사. 1966년 동아일보 동화, 1967년 중앙일보 시, 1969년 대한일보 소설 신춘문예로 3관왕 등단. 고려대 사범대학장. 한국시인협회장. 계간『시안』창간. 한국문학작가상, 동서문학상, 정지용문학상, 김삿갓문학상, 동리목월문학상, 은관문화훈장 수상. 시집『너무 많은 가운데 하나』『생각나지 않는 꿈』『겨울 강』『1미터의 사랑』『시집보내다』외, 소설『처형의 땅』외, 산문집『오탁번 시화』외, 평론집『현대시의 이해』외. 원서문학관장.

가벼운 빗방울

빗방울이 무겁다면 저렇게 매달릴 수 없지
가벼워야 무거움을 뿌리치고
무거움 속내의 처절함도 훌훌 털고
저렇게 매달릴 수 있지
나뭇가지에 매달리고 나뭇잎에 매달리고
그래도 매달릴 곳 없으면 허공에라도 매달리지

이 몸도 수만 리 마음 밖에서
터지는 우레 소리에 매달렸으므로
앉아서 매달리고 서서 매달리고
무거운 무게만큼 쉴 수 없었던 한 생애가 아득하지
빗방울이 무겁다면 저렇게 문장이 될 수 없지
그래서 빗방울은 아득히 사무치는 문장이지

허형만

1945년 전남 순천 출생. 1973년 『월간문학』 시, 1978년 『아동문예』 동시 등단. 시집 『淸明』 『풀잎이 하나님에게』 『모기장을 걷는다』 『입맞추기』 『이 어둠 속에 쭈그려 앉아』 『供草』 『진달래 산천』 『풀무치는 무기가 없다』 『비 잠시 그친 뒤』 『영혼의 눈』 『첫차』 『눈먼 사랑』 『그늘이라는 말』 『불타는 얼음』 『가벼운 빗방울』, 일본어 시집 『耳を葬る』, 중국어 시집 『許炯万詩賞析』, 활판 시선집 『그늘』 등, 수필집 『오매 달이 뜨는구나』 외 평론집 다수. 편운문학상, 월간문학 동리상, 광주예술문화대상, 한국예술문학상, 펜문학상, 한국시인협회상, 영랑시문학상, 윤동주문학상, 공초문학상 수상. 현재 목포대학교 명예교수.

우리 사랑 지금은

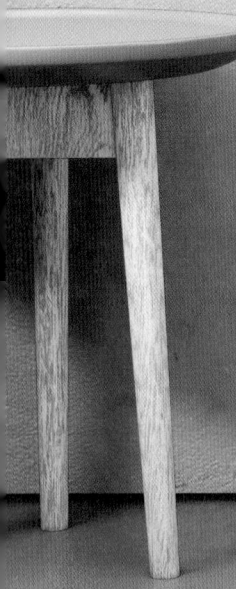

우리 사랑 지금은
잠들어 가도
조금씩 알게 모르게
잠들어 가도
그대와 나
어느 한쪽이라도
깨어 있으면
오뉴월의 싱그러운 햇바람으로
깨어 있으면
우리 사랑 이대로
스러지지 않아요
그대 사랑 나 먼저
하품을 하면
내 사랑이 자꾸
자꾸 흔들어 주고
내 사랑이 그대 먼저
눈을 비비면
그대 사랑 자꾸
자꾸 흔들어줘서

안혜초

1941년 서울 출생. 『현대문학』으로 등단(1967). 이화여대 영문학과 졸업. 다년간 신문기자 역임. 국제PEN한국본부 자문위원, 한국기독교문인협회·한국현대시인협회 부회장, 이화동창문인회장 역임. 시집 『귤 레먼 탱자』 『달 속의 뼈』 『쓸쓸함 한 줌』 『아직도』 『그리고 지금』 『살아있는 것들에는』 외 다수, 산문집 『사랑아, 네 어찌 그리 아름다운지』 『내 안의 또 한사람』 외. 한국기독교문학상, 이화를 빛낸 상, 『문학21』 대상, 서울문예상 대상, 윤동주문학상, 청하문학상 대상, 순수문학상 대상 등 수상.

자화상

기생이 되려다 못된 년들이 글을 쓴다는
김동리 선생님의 말씀으로 화끈 달아오르는 내 얼굴

그렇다
느지막하게 내린 신끼로
굿을 치고 다니는데
선무당 사람잡는 소리가
등을 훑어내리고
옷 속으로 식은 땀 쭉쭉 흐른다
애무당 하루라도 날춤을 추지 않으면
아쟁이, 대금소리에 삭신이 아프고 저려서
색색이 옷 차려입고 신바람을 맞으며
동서남북 발길 안 닿는 데 없다

세상만사 굿 한 방이면 끝나는 듯
작두날 위에서 물구나무 서며
신끼 휘두르니 위태 위태하다

소리도 배워 사설도 익혀
한 거리 제끼면
구경꾼도 모여들어 신기한 듯
늦게 배운 도둑질이 가여운 듯
박수도 쳐주어 신명 끓어 넘치는
기생 못된 선무당이여.

최금녀

『문예운동』 등단(1998). 함경남도 출생. 서울신문·대한일보 기자 역임. 사)한국여성문학인회 이사장. 사)한국문인협회, 사)한국시인협회, 사)국제PEN한국본부, 문학의·집 서울 이사. 시집 『바람에게 밥 사주고 싶다』, 『길 위에 시간을 묻다』, 『큐피드의 독화살』 『저 분홍빛 손들』 『내 몸에 집을 짓는다』 『가본 적 없는 길에 서서』, 『들꽃은 홀로 피어라』, 시선집 『최금녀의 시와 시 세계』, 활판 시선집 『한 줄, 혹은 두 줄』, 일역 시집 『その島を胸に秘めて』, 영역 시집 『Those Pink Hands』. 펜문학상, 현대시인상, 한국여성문학상, 미네르바작품상, 시인들이 뽑는 시인상, 바움문학상, 문화투데이문화대상(문학부문), 충청문학상 수상. 세종우수도서 선정.

사랑하는 사람아

사랑하는 사람아, 눈이 풋풋한 해 질 녘이면
마른 솔가지 한 단쯤 져다 놓고
그대 방 아궁이에 불을 지피고 싶었다
저 소리 없는 눈발들이 그칠 때까지……

강우식

1941년 강원도 주문진 출생. 성균관대 국문과 졸업, 문학박사. 1966년 『현대문학』에 「박꽃」으로 등단. 시집 『강우식 시전집』『어머니의 물감상자』『바보산수』, 아동도서 『어린이 탈무드』, 전래동화 『옹고집전』, 기타 『시를 어떻게 쓸 것인가』,『세계의 명시를 찾아서』외. 성균관대학교 명예교수. suhung2002@naver.com

근황近況

밤마다 배를 몇 척씩 꾸려서 떠나보낸다.
오늘 내가 만난 물빛 한 지게, 달빛 두 지게만으로도
만선滿船이 되는 나의 작은 배들이여
그대들 물길의 안전을 알지 못하는 나로서는
물빛 일천 척一千隻, 달빛 이천 척二千隻의 배를
하염없이 떠나보낼 뿐이다.
어둠마저 가서 돌아오지 못하는 그곳에
사리 몇 알로 길을 밝히며 찾아 나설 그날까지
다만 밤마다 배를 몇 척씩 꾸릴 뿐이다.

어제 부친 일편一片의 고뇌苦惱
일편一片의 연鳶
아직 이름도 지어주지 못한 나의 작은 배들이
싣고 가는 밤마다의 밤
그것이 오직 나의 재력財力일 뿐이다.

박제천

서울 출생. 동국대 국문과. 1965~6년 『현대문학』 등단. 전집 『박제천 시전집(전10권)』, 시집 『장자시』 『달은 즈믄 가람에』 『나무 사리』 『천기누설』 『풍진세상 풍류인생』 외 17권, 저서 『시를 어떻게 고칠 것인가』 외, 시선집 『밀짚모자 영화관』 외 7권, 영역 시집 『Sending the Ship Out to the Stars』(고창수 역) 미국 코넬대 출판부간행 외. 불어, 스페인어, 일어 번역시집. 한국시협상, 현대문학상, 공초문학상, 펜문학상 등 수상. I.W.P.(미국 아이오와대 국제창작프로그램) 1984년 초청시인. 문학아카데미 대표. munhakac@hanmail.net

어깨

내 어깨에 기대어라
네 눈물을 닦아주마
쉴 곳 없는 이 도시를
소리 없는 하얀 눈이 감싸 안듯이
쉬지 못하는 네 영혼
조용한 이곳에 깃들려무나
강은 얼어 수백리
철새는 자취 없고
우리도 이제 더 이상 떠날 곳 없다
네 어깨를 다오
이제는 지친 내가 기대고 싶다

유자효

1947년 부산 출생. 방송인. 시인. KBS 기자. SBS 본부장·논설위원실 실장. 한국방송기자클럽 회장 역임. 현재 한국시인협회 제44대 이사장. 1968년 신아일보 시 등단, 불교신문에 시조 등단. 시집 『성 수요일의 저녁』『떠남』『내 영혼은』『지금은 슬퍼할 때』『금지된 장난』『아쉬움에 대하여』『성자가 된 개』『여행의 끝』『전철을 타고 히말라야를 넘다』외 다수, 수필집『세상의 다른 이름』『다시 볼 수 없어 더욱 그립다』외. 한국문학상, 공초문학상, 김삿갓문학상, 정지용문학상 수상.〈잉여촌〉동인.

다시 4월에

아직도 잔인한
4월의 오후에
피의 화요일을 기억하며
지상으로 올라온다.
눈으로 직접 보았던
그 4월은
60년대 우리에게는
큰 회한의 나무인데
해마다 그 나무에서 피는 꽃을
하늘 향해 두 팔 벌린
가로수들에서 본다.
스트라우스의 음악이
가장 많이 섞여 내린
그날의 비는
세종로에서 그때처럼 내리고 있지만
마스크를 하고
저마다의 우산을 든

시민들은
다시는
피의 화요일도 촛불 행진도
등장하지 않아야 한다는 신념으로
새로운 날들을 기대한다.
오로지
감미로운 봄의 왈츠가 들리는
새로운 세상을 소망한다.

양왕용

1943년 경남 남해 창선도 출생. 진주고, 경북대사대 국어교육과, 동 대학원 국문과 문학박사. 대학 재학 중. 1966년 김춘수 시인 3회 천료(월간 시문학)로 등단. 시집 『천사의 도시, 그리고 눈의 나라』 외 8권, 연구논저 『한국 현대 시와 디아스포라』 외 8권. 시문학상 본상, 부산시문화상, 한국크리스천문학상, 한국장로문학상, 부산시인협회상 본상, 한국예총예술문화대상, 부산크리스천문학상 수상 외. 부산대사범대 국어교육과 교수·한국크리스천문학가협회 회장·한국문인협회 부이사장 역임. 부산대학교 명예교수, 한국문인협회 자문위원, 한국현대시인협회 이사장, 동북아기독교작가회의 한국 부회장. poyong43@naver.com

종지리

지지배배 종달새소리
따내 본 적 있는가

시애미 잡것 시애비도 잡것
너와 나 젤이지 지지배배

구름 속
불티로 날아오르는
지지배배
저 소리

최승범

남원 출생(1931). 아호 고하(古河). 『현대문학』 등단(1958). 시집 『난 앞에서』 『천지에서』 『자연의 독백』 『대나무에게』 등, 수필집 『한국수필문학연구』 『한국을 대표하는 빛깔』 『선악이 모두 나의 스승』 『남원의 향기』 『한국의 소리』 『3분 읽고 2분 생각하고』 등 다수. 정운시조문학상, 가람시조문학상, 한국시조대상, 만해문예대상, 김현승문학상 등 수상. 고하문학관 관장. 전북대 명예교수. 『전북문학』 발행인.

바람의 유혹

창을 열면
탁 트이는 바다
내륙으로 다가오는 당신의 옷자락 소리
그 풍만한 자유의 몸짓이여

청송가지 사이로
밤새워 잉태한 지맥地脈의 언어들이
한 줄기 바람되어
내해를 달린다.

아침 햇살
그 한아름의 은총이
계곡에 뿌려지면
산은 온통 금빛으로 비상하고

순수를 겨냥한
파아란 유혹의 가슴은 언제나
파도가 되고
무지개가 되고
신명나는 한줄기 바람이 되고.

홍문표

시인, 문학평론가. 1939년 충남 부여 출생. 고려대 동대학원 국문학 박사.『시문학』등단 (1977). 한국문인협회 부이사장 역임. 크리스찬문학협회 회장. 한국문예현대비평학회 회장. 창조문학가협회장.『창조문학』발행인. 한국기독교문학선교협회장. 오산대 총장 역임. 한국사이버대 초빙교수. 명지대 명예교수. 시집『수인과 바다』『지상의 연가』『나비야 청산가자』외, 문예이론서『한국문학과 이데올로기』『에덴의 시학』『현대시학』외, 수필집『지상의 선택』.

투명한 유리컵

빈 컵이 앞에 있다
반쯤의 갈증과
반쯤의 출렁임으로 살아가는 일상
빈 컵에 찍힌 손가락의 지문이 보인다
삶의 지문은 얼마나 복잡한가
나는 복잡한 지문의 갈등이다
정갈한 흰 손수건으로 지문을 닦는다
빈 컵을 보면서
한 모금의 맑은 물을 생각한다
투명한 갈증이 바람처럼 고인다
티 없이 투명한 물컵이
앞에 있다
나는 갈증이 바람만큼 가벼워진다

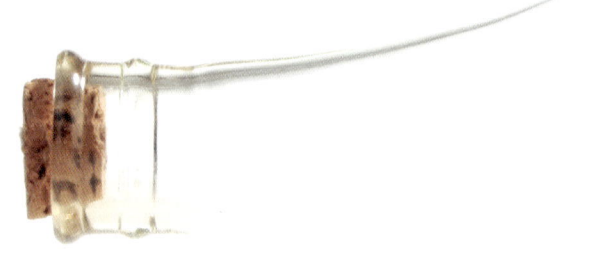

갈증에 시달리는 건
가여운 일이지만
누가
그랬다
함부로 마시면 무겁게 추락한다고

윤강로

시인. 1938년 6월 5일 북만주 간도 훈춘 출생. 고려대학교 국어국문학과 졸업. 보성고등학교 교사로 퇴직. 1976년 시 전문지 『심상』에서 「발성법」「불꽃놀이」 신인상 당선 등단. 〈분수〉 동인. 시집 『불꽃놀이』『피피피 새가 운다』,『비어 있음의 풍경』,『별똥전쟁』,『사람마다 가슴에 바람이 분다』 등 다수. yoon4496@hanmail.net

시와 사람 사이는 멀다

언뜻하면 셰프들이
주무기처럼 사용하는 만능간장은
옛 어머니들의 씨간장에 다른 이름을 달았다
만 년 동안 이어온 씨간장은
돈황의 입맛을 지나며 치료제가 되었다

만년설 몽블랑은 만년필 이름
그러나 만년종이 죽편엔 쓰지 못한다
사서삼경이나 수트라가 기록된 그것은
만년 후면 플라스틱 종이판 위에
자동 돋을새김체로 위세를 떨칠 것 같다

만년 후
사람은 알파고로 변할까
해바라기는 실제 해가 될까
아마 고래는 뭍으로 돌아올 것 같다

바다는 사막이 되고 그건
다시 진흙이 될 듯도

만일 시인이 신이 된다면
시와 인 사이에 걸릴 축약지점 그게 만년이다
그때를 향해 시 힘을 모아보고자
사막, 바다, 해에게 아양 떨지만
신은 만년을 헤아리는지
사이를 잴 기미를 주지 않는다

노창수

시인. 시조시인. 문학평론가. 1973년 『현대시학』 시 추천. 1979년 광주일보 신춘문예 시 당선. 1981년 전국연구논문대회 최우수상. 1989년 대학신문 문학논문 공모 당선. 1991년 『한글문학』 문학평론 당선. 한글문학상(평론). 한국시비평문학상(평론). 현대시문학상(시). 박용철문학상 (시). 한국예총예술문화대상(시). 아산문학상(평론). 한탄강문학상(시) 등 수상. 시집 및 시조집 『거울 기억제』 외. 논저 및 평론집 『한국 현대시의 화자 연구』 외. 광주문인협회 회장, 한국시조시인협회 부이사장, 한국예술영재교육원심의위원장 역임. 강남대·전남대 등 13개 대학(원) 30년째 강의. 현재 한국문인협회 부이사장.

나무처럼

나무가 나무끼리 어울려 살듯
우리도 그렇게
살 일이다
가지와 가지가 손목을 잡고
긴 추위를 견디어 내듯

나무가 맑은 하늘을 우러러 살듯
우리도 그렇게
살 일이다
잎과 잎들이 가슴을 열고
고운 햇살을 받아 안듯

나무가 비바람 속에서 크듯
우리도 그렇게
클 일이다
대지에 깊숙이 내린 뿌리로
사나운 태풍 앞에 당당히 서듯

나무가 스스로 철을 분별할 줄을 알듯
우리도 그렇게
살 일이다
꽃과 잎이 피고 질 때를
그 스스로 물러설 때를 알 듯

오세영

1942년 전남 영광 출생. 서울대 문리과대학·동대학원 문학박사. 서울대 명예교수. 1968년 『현대문학』에 「잠깨는 추상」 추천완료 등단. 시집 『시간의 뗏목』, 『봄은 전쟁처럼』, 『문 열어라 하늘아』, 『무명연시』, 『사랑의 저쪽』, 『바람의 그림자』 외, 학술서 『20세기 한국시 연구』, 『상상력과 논리』, 『우상의 눈물』, 『한국현대시 분석적 읽기』, 『문학과 그 이해』 외. 소월시문학상, 정지용문학상, 만해대상, 시협상, 김삿갓문학상, 공초문학상, 녹원문학상, 편운문학상, 불교문학상 수상 외.

가는 것은 반드시

가는 것은 반드시 돌아올 때가 있나니
아주 간다고 생각하지 말자
해 질 녘 곱게 물드는 노을 속에
그림자 지우며 나는 새들 돌아와
아침이면 다시 떠나는 것을
눈앞에 보이지 않는다고 해서
아주 가는 것이 아니라
먼 저편에서도 기원의 손 모으고 있나니
한 송이 조화가 없이도
줄지어 기다리는 사람이 꽃인 것을
세상에서 제일 아름다운 광경인 것을
아주 간다고 생각하지 말자
강 건너 저 언덕에도
들꽃은 바람에 흔들리나니
진 잎은 새 잎으로 다시 피어나느니

박찬선

1940년 경북 상주 출생. 영남대학교대학원 졸업. 1976년 『현대시학』 등단. 시집 『돌담쌓기』 『상주』 『세상이 날옻을 먹게 한다』 『도남 가는 길』, 평론집 『환상의 현실적 탐구』 설화집 『상주 이야기 1·2』 등. 상주고등학교 교장·경북문인협회 회장·한국문인협회 부이사장 역임. 낙동강문학관 관장. 경북문화상, 상주시문화상, 흙의문학상, 대한민국향토문학상, 이은상문학상, 한국문학상 등 수상.

어머니 범종 소리

어린 시절 새벽마다 콩나물시루에서 물 내리는 소리를 들었다. 이웃집에 셋방살이하던 아주머니가 외아들 공부시키려 콩나물 키우던 물방울 소리가 얇은 벽 너머에서 기도처럼 들려왔다.

새벽마다 어린 우리들 잠 깨울까 봐 조심스럽게 연탄불 가는 소리도 들렸다. 불을 꺼뜨리지 않고 단잠을 자게 지켜 주시던, 일어나기 싫어 모르는 척하고 듣고 있던 어머니의 소리였다.

콩나물 장수 홀어머니 아들이 어떻게 되었는지 나는 모른다. 어머니 가시고 콩나물 물 내리는 새벽 소리가 지나가면 불덩어리에서 연탄재 떼어내던 그 정성스러운 소리가 들려온다.

새벽잠 자주 깨는 요즈음 그 나지막한 소리들이 옛 기억에서 살아나와, 산사의 새벽 범종 소리가 미약한 생명들을 보살피듯, 스산한 가슴속에 들어와 맴돌며 조용히 마음을 쓸어주고 간다.

최동호

시인. 문학평론가. 1948년 경기도 수원 출생. 고려대학교대학원 현대문학 박사. 고려대학교 명예교수. 시집 『황사바람』 『아침책상』 『공놀이하는 달마』 『불꽃 비단벌레』 『얼음얼굴』 『수원 남문 언덕』 『제왕나비』 외. 제34회 정지용문학상, 제18회 제니마문학상, 제4회 혜산 박두진문학상, 제0회 고산문학대상, 2017 만해대상 수상 외. 제41대 한국시인협회 회장(2016.~2018.), 대한민국예술원 회원(2019~).

하늘

비어있는 곳에 이름을 붙이자
하늘이라고
그 속에 구름이 살다 가면서
가슴을 친다
하늘은 아무것도 없는데
이름만 덩그마니 남았다
하늘이라고…

성기조

1934년 충남 홍성 출생. 호 고월(皐月), 청하(靑荷). 1958년 『시와 시론』, 「꽃」으로 등단. 경희대학교대학원 석사. 단국대학교대학원 문학박사(1985). 『문예운동』 편집인·한국문학진흥재단 이사장·제31대 국제펜한국본부 회장. 중국 뤄양대학교 석좌교수. 시집 『별이 뜬 대낮』 『성기조 작품집』 『근황』 『흙』 『사랑을 나누면서』 『바람쐬기』 『달동네 사랑』 『방문을 열며』 『다락리에서』 『아침 뻐꾸기』, 소설 『유성의 상처』 『빗속의 방황』 『모독』 『북풍』 외. 한성기문학상, 아주문학상, 충청문학상 본상, 상화시인상, 한국문학상, 국제펜문학상, 예총예술문화상특별공로상, 원종린수필문학상, 흑구문학상 수상.

산길에서

혼자가 좋은 시간
산길에 서 본다
키 작은 풀들의 수북한 대화가
더듬더듬 적막을 허문다
숲의 순결이
몸에 닿는다
원시의 숨결로 설레인다
가끔은 권력 같은 돌멩이가
발치에 걸리고,

그래도 미움을 놓고 가는
관대한 발걸음을 익힌다
옛소리로 미끄러지는 산새의 선율이
더욱 달콤하다
꽃잎 하나 바람을 흔들며
일상의 옷을 벗는다

김용재

시인. 1944년 대전 출생. 월간 『시문학』 등단(1974-75). 대전고, 충남대 영문과·동대학원 수학(영미시 전공·문학박사). 대전대 영문과 교수(교무처장, 문과대학장, 대학원장) 역임. 한국현대시인협회 명예 이사장. 3·8 민주의거기념사업회 회장. 『Poetry Korea』 발행인, 사)국제PEN한국본부 이사장. 시집 『바퀴에 깔려도 햇살은 죽지 않는다』, 『머물러 있던 시간의 비상』 외 다수. 한국현대시인상(2003) 수상 외.

2월의 시

자, 2월이 왔는데
생각에 잠긴 이마 위로
다시 봄날의 햇살은 내려왔는데

귓불 에워싸던 겨울 바람소리 떨치고 일어나
이제 무엇을 할 것인가

저 지평선 끝자락까지 파도치는 초록색을 위해
창고 속에 숨어 있는 수줍은 씨앗 주머니 몇 개
찾아낼 것인가

녹슨 삽과 괭이와 낫을
손질할 것인가

세상 소문에 때묻은 귓바퀴를
두어 번 헹궈낼 것인가

상처뿐인 손을
씻을 것인가

저 광막한 들판으로 나아가
가장 외로운 투사가 될 것인가

바보가 될 것인가
소크라테스가 될 것인가.

정성수

1945년 서울 출생. 경희대학교 국문과 동 대학원 국문과 수료. 1965년 『시문학』, 1979년 『월간문학』 신인상 등단. 시집으로 1961년 평택중학교 졸업 기념으로 첫 시집 『개척자』(등사판, 나중에 활자본으로 정식 출판)을 내고, 서울 삼선고등학교 1학년 때 「투쟁」(등사판)을 비롯 『술집 이카로스』 『우리들의 기억력』 『살아남기 위하여』 『가족여행』 『사랑이여, 오늘도 나는 잠들지 못한다』 『사람의 향내』 『세상에서 가장 짧은 시』 『누드 크로키』 『기호 여러분』 『우주새』, 시선집 『별날리기』 등 출간. 경기PEN문학대상, 한국시학상, PEN문학활동상, 무궁화문학상 금상, 김우종문학상대상, 이은상문학상, 희문학상, 한국문학백년상, 앨트웰PEN문학상 등 수상. 국제펜한국본부 자문위원. 사)한국문인협회 부이사장. chungpoet@naver.com

당신에게 말걸기

이 세상에 못난 꽃은 없다
화난 꽃도 없다
향기는 향기대로
모양새는 모양새대로
다, 이쁜 꽃
허리 굽히고
무릎도 꿇고
흙속에 마음을 묻은
다, 이쁜 꽃
그걸 모르는 것 같아서
네게로 다가간다
당신은 참, 예쁜 꽃

나호열

1953년 충남 서천 출생. 경희대학교대학원 졸업. 1980년 울림시 동인으로 참여 『우리 함께 사는 사람들』. 『월간문학』 신인상(1986년), 『시와 시학』 중견 시인상(1991년) 수상 후 본격적인 문학 활동 시작. 시집 『안부』 『안녕, 베이비박스』 『타인의 슬픔』 『촉도』, E-Book 『예뻐서 슬픈』, 시선집 『바람과 놀다』, 사화집 『영혼까지 독도에 산골하고』 등 20여 권. 녹색시인상, 한민족문학대상, 한국예총 특별공로상, 한국문협 서울시문학상, 충남시인협회문학상, 문학의식문학상 등 수상. 경희대학교 사회교육원 교수(역임). 현재 도봉문화원 도봉학연구소장.

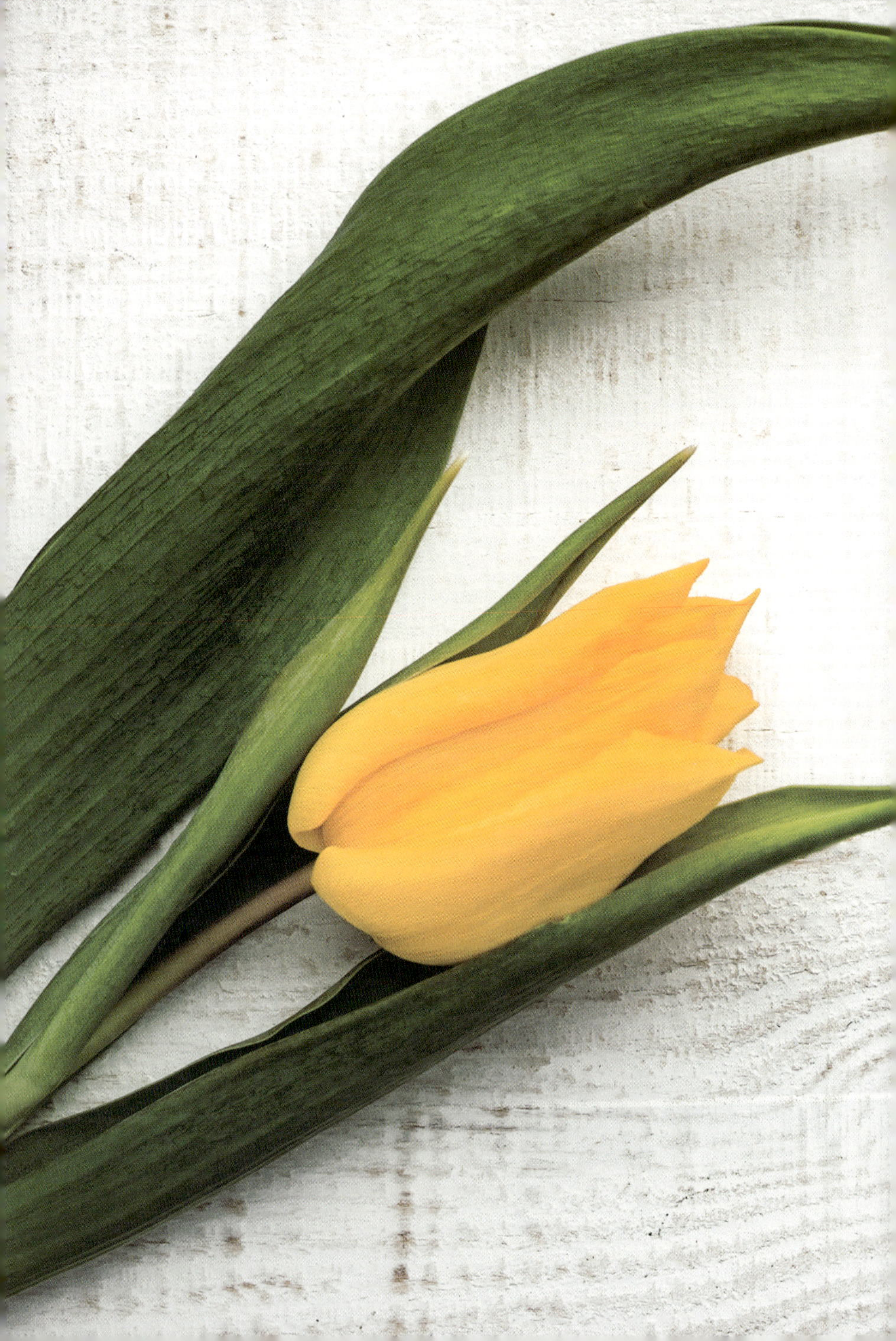

울림

바다 밑 아득한 깊이로 뭍에 닿는 달빛이 곱다

빛의 심장 하나 숨비소리로 부상하는 오늘

하늘엔 눈 맑은 새 한 마리 날아오르고

두근거리는 두근거리는 풀잎 하나의 발걸음

마른 대지에 나지막이 숨을 고른다

눈부신 빛살로 부딪치는 이 개벽의 울림

지연희

『한국수필』(1982) 『월간문학』 신인상(수필 1983), 『시문학』(시 2003) 신인문학상 당선. 사)한국문인협회 수필분과회장 25대, 26대 역임. 사)한국수필가협회 이사장 역임. 사)한국여성문학인회이사장 역임. 사)한국시인협회회원, 순수문학 계간지 『문파』 발행인.

날마다가 봄날

돋아나는 새풀에게
길가에 핀 민들레에게
마냥 웃음 흘리고 다녀도
실없다 하지 않고 품어주는

귀 맑은 햇살이랑
세상에서 가장 청맑고 빛나는 웃음 오리

평생 퍼낼 수 있는
종신보험통장에 저축해 놓았다

세상에서 제일가는 부자
날마다가 봄날

그냥 실실 그냥 빙그레 그냥 활짝, 웃음이 나오는
날마다가 봄날

이혜선

시인. 문학평론가. 1950년 함안 출생. 1981년 『시문학』 추천, 문학박사. 사)한국여성문인회 이사장. 사)한국문인협회 부이사장, 문체부 문학진흥정책위원, 동국대 외래교수 역임. 〈향가시회〉 동인. 시집 『흘린 술이 반이다』 『운문호일雲門好日』 『새소리 택배』 『神 한 마리』 등, 저서 『이혜선의 시가 있는 저녁』 『문학과 꿈의 변용』 『아버지의 교육법』 등. 세종우수도서 (2016). 윤동주문학상, 한국예총예술문화대상, 비평가협회평론상 외 수상. 유튜브: 이혜선시인TV. hs920@hanmail.net

꽃봉오리랑 두 손 모으고

꽃으로 피어나려
두 손 모은 꽃봉오리

얼마나 오오래
얼마나 꼬옥

두 손을 모아야
꽃으로 피어날까?

꽃봉오리 곁에서
모아 보는 두 손.

백우선

1953년 전남 광양 출생. 1980년~1981년 『현대시학』 추천 완료 등단. 1995년 한국일보 신춘문예 동시 당선. 시집 『우리는 하루를 해처럼은 넘을 수가 없나』 『춤추는 시』 『길에 핀 꽃』 『봄비는 옆으로 내린다』 『미술관에서 사랑하기』 『봄의 프로펠러』 『탄금』 『훈(暈)』, 동시집 『느낌표 내 몸, 지하철의 나비 떼』 『염소 뿔은 즐겁다』 외. 김구용문학상, 우리나라 좋은 동시문학상 외 수상.

상선약수

물을 보면 떠오르는
그 말
상선약수_{上善若水}
최상의 선은 물과 같은 것이다

나무는
그 물이 흙과 빛으로
가장 순하게 빚은
생명.

그래서
그 말은
상선약수_{上善若樹}
최상의 선은 나무와 같은 것이다.

윤 효

1956년 충남 논산 출생. 동국대학교 국어국문학과 졸업. 1984년 『현대문학』 등단. 보성여고, 오산중학교 교사, 교장 역임. 시집 『물결』 『얼음새꽃』 『햇살방석』 『참말』 『배꼽』 시선집 『언어경제학서설』 등이. 편운문학상, 영랑시문학상, 풀꽃문학상, 동국문학상. 유심작품상 등 수상. 현재 〈작은詩앗 채송화〉 동인. 문학의 · 집 서울 상임이사.
treeycs@yahoo.com

채송화

발뒤꿈치도 한 번 들지 않았었구나
몸 낮추어도
하늘은 온통 네게로 있구나

울타리 하나 세우지 않고도
꽃밭을 일구었구나

올망졸망
어깨동무하고 사는구나

허홍구
시인. 수필가. 시집 『잡초』 외 9권, 수필집 『손을 아니잡아도 팔이 저려옵니다』.
hhg1946@hanmail.net

물확

돌도 맑은 물을 먹어야
생명을 얻는다
타고난 제 성미에 맞는
색깔을 낸다

하늘과 땅 사이,
하늘과 땅 모양으로
둥글어서 그득한 물확에
바위떡풀 하나

흰 꽃들이
기러기 모양으로,
시끄럽고 탁한 하늘을
텅 비어서 맑은 제 세상으로 바꾸며
줄 지어 날아가고 있다

저들만의 옛길을 찾아
높이 날아가고 있다

최서림

1956년 청도 출생. 1993년 『현대시』 등단. 시집 『이서국으로 들어가다』 외 8권. seurim@hanmail.net

단풍단풍

풀벌레 울음소리 산기슭 풀어낸다
제 갈 길 가다 말고 주춤대던 갈바람이
사는 건 혼돈이라고 어둠을 부추긴다

골짜기 흘러가는 계곡물 지즐대고
온 산에 달빛 들어 색이 색을 덧입힌다
할 말을 삼켜가면서 나도 한창 익어갔다

더 이상 참지 못해 온몸으로 토해내는
내 안의 속울음이 어찌 이리 붉었으랴,
이제는 눈을 감아도 환하게 탈 수밖에

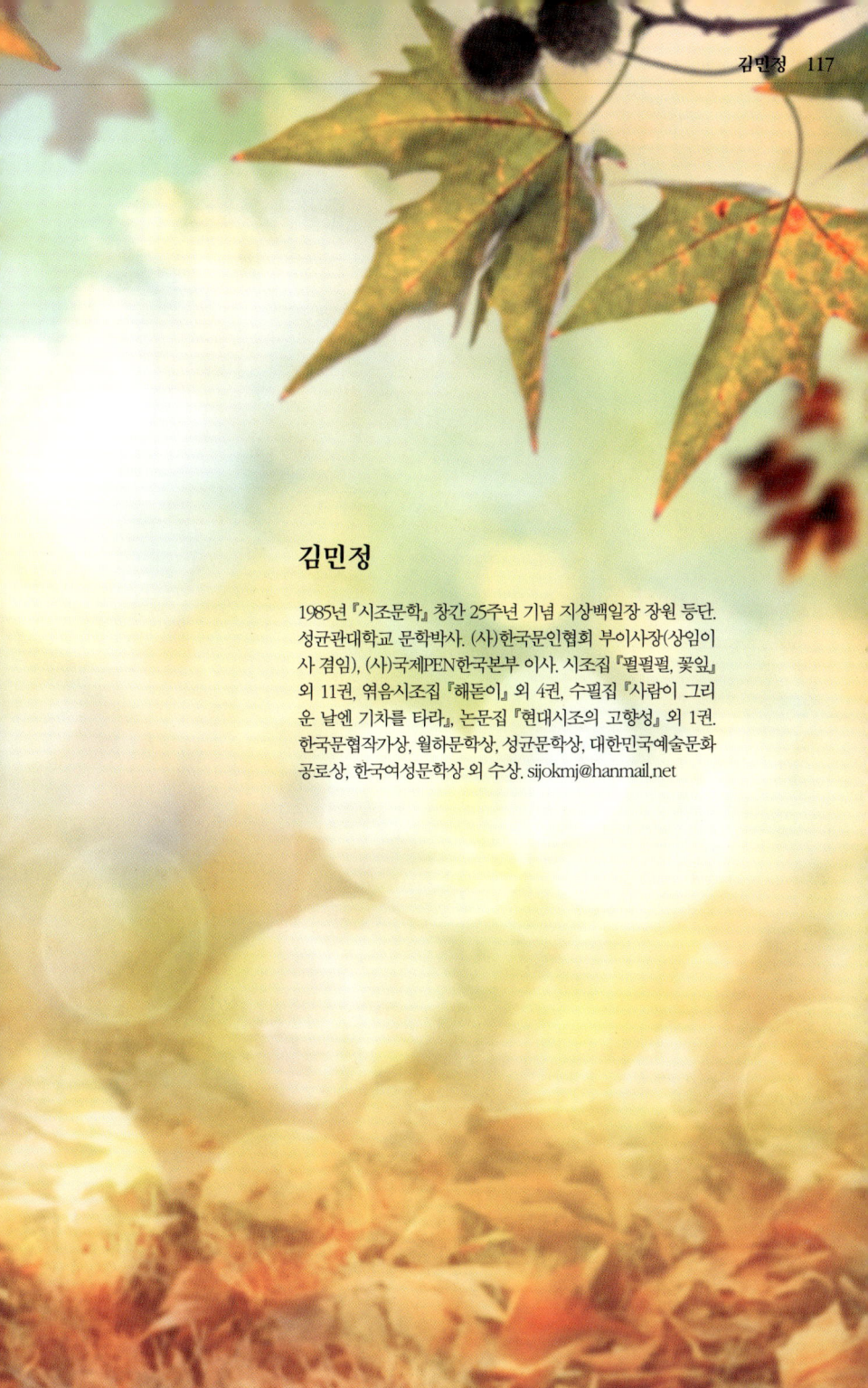

김민정

1985년 『시조문학』 창간 25주년 기념 지상백일장 장원 등단. 성균관대학교 문학박사. (사)한국문인협회 부이사장(상임이사 겸임), (사)국제PEN한국본부 이사. 시조집 『펄펄펄, 꽃잎』 외 11권, 엮음시조집 『해돋이』 외 4권, 수필집 『사람이 그리운 날엔 기차를 타라』, 논문집 『현대시조의 고향성』 외 1권. 한국문협작가상, 월하문학상, 성균문학상, 대한민국예술문화공로상, 한국여성문학상 외 수상. sijokmj@hanmail.net

다물多勿 · 1

안개 속에 젖어 있었다
태초에 말씀 한마디
누리에 가득하던 공허
지구가 다만 하나의 불덩이였을 때
깊디깊은 선사의 골짜기
빙하의 가슴을 적시던
시생대의 높새바람

수미산 어디쯤
알타이산록 어디쯤
아니 시베리아 원시림
바이칼호반의 어디쯤
우리의 핏속을 에돌아 흐르는
동이東夷의 숨소리

양자강, 황하, 난하에서 우수리강까지
중앙아시아
타시겐트, 알마아타, 키르키츠를 넘어
황막한 몽고고원 고비사막을 건너
만주벌을 치달리던
청동인의 말굽소리

흰옷겨레 적막한 말울음이
황사바람에 날고 있었다

손해일

서울대 졸업, 홍익대 대학원 문학박사(1991년). 1978년 『시문학』 등단. 시집 『떴다방 까치집』 등 저서 14권. 서울대 대학문학상, 소월문학상, 매천 황현문학대상 수상. 전)한국현대시협 이사장, 서초문협 회장, 농협대 교수, 농민신문 편집국장. 현)국제PEN한국본부 명예이사장(36대 이사장 역임), 한국문협 자문위원. 88sohn@naver.com

꽃눈 자리 그대

암갈색 빈 가지에서 숨소리 들립니다

신생아의 잠 같은 고단한 잠,

손사래 치는 어여쁜 손가락으로 문득

내 앞에 와 있군요, 그대

마알간 얼굴빛은 미리내로 은은하고

새의 혀끝으로 지금 막 말하기 시작하는

꽃눈 자리 그대

이수영

서울 출생, 숙명여대 졸업. 시집 『깊은 잠에 빠진 방의 열쇠』를 통해 등단 (1994). 시집 『무지개 생명부』, 『안단테 자동차』, 『미르테의 꽃, 슈만』 등. 시선집 『슬픔이 보석이 되기까지』, 산문집 『1잠시 또는 영원의 생각』. 서정시학상, 한국기독교문학상, 천상병시문학상 수상 외. 숙명여대문학인회 회장 역임, 한국시인협회 상임위원, 국제펜한국본부 이사, 서울강남문인협회 부이사장, 한국기독교문인협회 이사장. pine7477@naver.com

수필가가 좋아하는
시_____

수필가가 좋아하는
시인_____

> 강우식 권용태 김규화 김남조 김민정 김소엽 김시철 김여정
> 김용재 김 종 김후란 나태주 나호열 노창수 문덕수 문정희
> 문효치 박제천 박진환 박찬선 백우선 성기조 성춘복 손해일
> 신달자 안혜초 양왕용 엄기원 오세영 오탁번 유안진 유자효
> 윤강로 윤 효 이근배 이상범 이생진 이수영 이해인 이향아
> 이혜선 임 보 정성수 지연희 채수영 천양희 최금녀 최동호
> 최서림 최승범 하청호 함동선 허영자 허형만 허흥구 홍문표

수필가가 좋아하는 시

수필가가 좋아하는 시인

사단법인 한국수필가협회